*Der Aphorismus sei einseitig
und darum unfair?
Verallgemeinernd
und darum halbwahr?
Zynisch und darum destruktiv?
Aggressiv und darum unmoralisch?*

*Wie genau er doch die Realität
abbildet!*

Walter Eigenmann

In medias res

222 Aphorismen

1981 - 1991

Herstellung und Verlag:
BoD – Books on Demand, Norderstedt 2015
ISBN 978-3-7347-9374-5

Inhalt

Aphoristik   7

Menschliches   9

Politisches   18

Kulturelles   30

Wahrheit   37

Aphoristik

Aphoristik? Die Kraft, keine Bonmots von sich zu geben.

Nein, ich ziehe nicht mehr am gleichen Strick. Zu viele wurden an ihm schon aufgehängt.

Meine Einfälle? Meist Ausfälle. Oft Reinfälle. Teils Abfälle. Aber nie Zufälle!

Doch, ich glaube an Normen. Im Kleidergeschäft.

Satiriker sind Pyromanen: Dauernd müssen sie andern das Brett vor dem Kopf anzünden.

Ich, ein Aphoristiker? Dass ich nicht weine!

Alle meine tausend Gewissheiten für eine einzige Einsicht!

Ich wollte ihm bloss auf die Füsse treten. Und traf ausgerechnet die Achillesferse.

Aphoristiker kennen ihre Fehler genau. An den andern.

Ach, meine Selbstmissverständnisse.

Tut mir leid, Wittgenstein: wovon die nicht sprechen wollen, darüber kann ich nicht schweigen.

Menschliches

Menschliches, Allzutierisches.

Tue niemandem Böses. Man weiss es doch nicht zu schätzen.

Sogar die besten Feinde lassen einen schon im Stich.

Was du nicht willst, das man dir tu', das lass' auch keinem andern zu.

Die Ohren haben wir um besser zu sehen.

Zum Einsamsein gehören mehrere.

Liebe ist . . . na, Liebe eben!

Nicht zu fassen: seit Jahrtausenden reden wir miteinander, und noch immer reden wir nicht miteinander!

Ich mache einen weiten Bogen um Menschen, die statt Gehirn Denkapparat sagen.

Die Apathischen sind die wahren Nestbeschmutzer.

Lasst uns aufwachen - und endlich wieder träumen!

Wütend schrie er mich an:
«Sie Subjekt, Sie!» Ich wurde rot.
Vor Stolz.

Du hast den andern in Ruhe gelassen?
Das verzeiht er dir nie.

«Meinungen»? Pah! Kastrierte Entschlüsse!

Wer anderen die Zähne zeigen will, sollte sie vorher putzen.

Bitteschön, Phantasie entbindet doch nicht vom Erleben.

Ich warte auf den psychologischen Ratgeber: «Du und deine Software».

Humor? Kehrseite des Lächerlichen.

Wie viele Persönlichkeiten wir doch haben. Und wie wenig Personen.

Frauen betrügen nicht. Sie gönnen sich nur manchem.

Zufall, dass immer ausgerechnet jene die Faust zu Hilfe nehmen, die keine schlagkräftigen Argumente haben?

Erziehung nennen Eltern das, was ihre Kinder ihnen ein Leben lang vorwerfen.

Was du nicht lassen kannst, das tu' auch nicht.

Längst nicht jeder Narr ist auch ein Esel.

Er hatte gut treu sein. Bei seiner Eigenliebe.

Gewohnheit? Übertölpelte Langeweile.

Sie: «Ich liebe dich.»
Er: «Geschieht dir ganz recht!»

An die Gesundheit denkt man nicht.
An die Gesundheit wird man gedacht.

Er kapierte alles. Was tat's also,
dass er nichts begriff.

Ehret mir die Trinker! Schon manch
einer, der zu tief ins Glas blickte,
schaute den Grund der Dinge.

Dass die Witzigen immer auch
geistreich sein wollen!

Wie man mich wirklich tief verletzen
kann? Mit guten Ratschlägen.

Einfalt können sich nur Kluge leisten.

Pah, die Frau lässt mich kalt! Stehen.

Wir kennen ein «Ich», ein «Über-Ich», ein «Es». Nur das «Du» ist uns noch fremd.

Er hatte Geld. Bald das Geld ihn.

Ich hätte ihn bespucken können! (Zu dumm, dass Gegenwind herrschte).

Wider alle Arithmetik: Nur geteiltes Glück ist ganzes Glück.

Die Tücken eines Objekts - vielleicht bloss die Lücken unseres Subjekts?

Was auf der Hand liegt, fiel noch selten aus dem Kopf.

*Sind wir darum schon erwachsen, nur
weil wir nicht mehr spielen können?*

*Diese Fähigkeit, sich seine
Schwachpunkte eingestehen zu können
- sie sprengt jede Kette.*

Mit dem «Ewig Weiblichen» sind nicht
*die Nylonhöschen im Schaufenster
gemeint.*

*Gefühlsarme gleichen schlechten
Musikern: kein Repertoire.*

*«Nie stehenbleiben!». Sprach's - und
drückte aufs Gaspedal.*

Reiche zahlen. Arme bezahlen.

Ich werde älter: Neulich ertappte ich mich, wie mich zuerst das Gesicht *einer Frau interessierte.*

Ehrfürchtige: Eitle Angsthasen.

Liebe ist, was den Koitus - überlebt.

Nichts wird so heiss gekocht, dass es nicht auch gegessen würde.

Man erkannte ihn sofort. Er trug eine Maske.

Wir Männer haben sogar ein Recht *auf die Emanzipation der Frau.*

«Die Männer wollen alle nur das Eine!», hörte ich unlängst eine Dame zetern. Doch so hässlich war sie gar nicht.

Irren ist menschlich. Nicht irren sogar unmenschlich.

Politisches

Politik ist die Fortsetzung des Friedens mit ganz falschen Mitteln.

Nicht doch, Technokraten sind nicht wertblind. Bloss moralresistent.

Fürchte nicht des Politikers Reden. Keine Angst vor seinen Taten. Doch zittere vor seinem Bankkonto!

Erst fanden sie ihn noch zum Schiessen komisch. Dann liess man auch «komisch» weg.

Wie schön, dieses «Glück der Vielen». Wenn da nur nicht das Leid des Einzelnen wäre.

*Es gibt nur schlechte Clowns. Die
wirklichen Talente sind in der Politik.*

*Wo eine Hand die andere wäscht,
ist etwas nicht ganz sauber.*

*«Rechtsstaat» - wie unbarmherzig doch
die Sprache die Ideologien entlarvt!*

*Die Beweisführung des Politikers?
Wiederholung.*

*Gewiss, wir können ohne Computer
nicht leben. Aber wir müssen ganz
ohne sie sterben.*

*Der gerechten Gesellschaft stehen
nicht die paar tatsächlichen, sondern
die vielen verhinderten Millionäre im
Weg.*

Nehmt den Politiker nicht wörtlich.
Aber um Gottes Willen: nehmt ihn beim Wort!

Manchen fällt zum Rüstungswahnsinn nur ein: «Machen wir endlich Schluss!»

Sie brachten ihn gross heraus. In der Hoffnung, ihn so kleinzukriegen.

Alles Machbare wird gemacht.
Fragt sich nur, von wem.

Kaum treffen sie mal einen mit wenig Geld, schimpfen sie ihn «Kommunist»!

Laufbahn heissen sie's, ihr Laufen in Bahnen.

Ein Drittel der Menschheit erobert den Mond. Um ab und zu die anderen zwei zu besuchen, die noch hinter ihm leben.

Ach, ihr Bürgerlichen: Die massvollen Dinge waren noch nie das Mass der Dinge.

Der globale Militarismus lässt nur eine Haltung zu: Tiefste Entrüstung.

Der christliche Politiker: «Und sehet, ich bleibe bei euch alle Tage, bis an das Ende der Welt».

Paradox: Um etwas nicht ins Rollen zu bringen, braucht man's bloss mit Geld zu schmieren.

Mathematik: Frieden ist eine Behauptung mit deren Beweis als Voraussetzung.

Ging ich neulich zu einer Versammlung von «Staatsbürgern». Was musste ich sehen? Lauter Menschen.

Die Geburt der Gesellschaftskritik aus dem Geiste der Angst.

Die experimentelle Psychologie kennt den «Nullversuch». Der praktische Parlamentarismus die «Volksabstimmung».

Ich bin überhaupt nicht gegen die Schweizer. Nur gegen die Schweiz.

Es sind, zum Teufel, doch nicht die Kriege, es sind die Menschen, die wüten!

Einverstanden: jedes Volk hat die Politiker, die es verdient. Nur: manche verdienen eben mehr.

Das Erinnerungsvermögen ist nötig, um die Vergangenheit vergessen zu können.

Was wettert ihr nur immer gegen den Krieg! Wollen wir die «freie Marktwirtschaft»? Na also.

Neutralität à la Suisse ist die Fähigkeit, die Unterdrücker nicht merken zu lassen, dass man mit den Unterdrückten sympathisiert.

«Überzeugungen» - der Gipfel der Ignoranz!

Arme machen aus der Not eine Tugend. Reiche haben mit der Tugend ihre Not.

Politische Philosophie - eine Absurdität. Denn wer nachdenkt, hat keine Zeit zum Wütendwerden.

Das Feigenblatt der Mächtigen ist genau jenes Blatt, das wir vor den Mund nehmen.

«Die Polizei, dein Freund und Helfer» - das waren noch Zeiten!

Der Unterschied zwischen Mensch und Tier? Der Mensch kann «nein» sagen.

Politische Ethik: «Wer immer strebend sich bemüht, den können wir ablösen».

Und Clausewitz hat doch recht: Ein Krieg wäre das letzte Mittel der Politik.

«Die Schweiz ist das reichste Land der Erde!» Eben.

Wirtschaft: Gesellschaftlicher Zustand des Leerlaufs auf höchsten Touren.

Wie lässt sich der Arm des Gesetzes am effizientesten verlängern? Mit dem Polizeiknüppel.

Vor dem Gesetz sind alle gleich. Der Bankier weiss das nur noch nicht.

Oh ihr Fortschrittlichen: Eine neue Welt schaffen ist noch längst nicht die Welt verändern.

Nirgendwo sonst dürfen Andersdenkende so frei ihr Meinung äussern wie in der Schweiz, ohne gleich befürchten zu müssen, ernst genommen zu werden.

Was ist das: Es ist nützlich, es sieht aus wie ein Mensch, und man kann es wegwerfen? Genau, ein Asylant.

«Rechts» oder «links» - mir doch egal, mit welchem Fuss der Gleichschritt beginnt.

Schweizer Moral: Dem Andersdenkenden - verzeihen.

*Und wer geht gegen das automare
Aufrüsten auf die Strasse?!*

*Wie gut es uns doch geht im
Kapitalismus; sind wir nicht alle
wunschlos unglücklich?!*

*Manche Politiker sind wie gewisse
Hausfrauen: Lieber Ordnung als
Sauberkeit.*

*Kennen Sie den Unterschied
zwischen einem Politiker und einem
Schauspieler? Ich auch nicht.*

*Er glaubte nicht daran.
Und musste prompt dran glauben.*

*Sogar Landesverräter nannte man
mich schon. Weil ich meine Ansichten
nicht in Grenzen halte.*

*Er wurde eine Grösse. Nachdem er
die andern kleingemacht hatte.*

*Selig die Armen im Geiste; ihrer ist das
öffentliche Wohlergehen.*

*Die vulgärsten Wörter setzen sich noch
immer zusammen aus den «Buchstaben
des Gesetzes».*

*Aber nein, «einen Standpunkt haben»
heisst mitnichten, auf einem Punkt
stehen zu bleiben.*

*Sagt ein Politiker, man müsse im Bilde
sein, dann meint er:* auf *dem Bilde.*

*Die Schweiz lebt nicht.
Sie funktioniert.*

*Das Pendel der Geschichte schlage
mal zum Guten, mal zum Schlechten
aus? Ich habe doch immer Pech!*

Kulturelles

Kultur ist die Summe all jener menschlichen Dummheiten, die nicht *zur Katastrophe führen.*

Der neurotische Intellektuelle:
«Wo Genitalität war, soll Genialität werden.»

Für manche ist zeitgenössische Musik die reinste Taktlosigkeit.

Kino: Second-Hand-Shop der Gefühle.

Warum ich Bücher lese? Um die Zitate zu kontrollieren.

*Was soll man auch von einer
Zivilisation halten, deren Weltbild
das Fernsehbild ist.*

*Dichter wollen doch nicht verstanden,
sie wollen gelesen werden!*

Kunst = Geordnetes Staunen.

*Mich würde brennend interessieren,
was die Romanhelden von ihren
Schöpfern halten.*

*«Mein und nicht dein!», gibt man heute
zur Antwort.*

*Unsere motorisierte Welt bleibt
langsam aber sicher auf der Strecke.*

Ein Dichter behält zurück, was er schreiben müsste. Ein Schriftsteller schreibt, was er zurückbehalten müsste.

Es gibt sie durchaus, die zeitgenössische Kunst. Nur existiert sie nicht.

Für Zeitungsschreiber besteht der Unterschied zwischen Sinn und Unsinn bloss in zwei Buchstaben.

Technik? Sie schändet, wenn sie entjungfert.

Mordgeschichten, Verbrechensstatistiken, Katastrophenberichte, Horrorstorys, Gewaltpornos - alles langweiliges Zeug! Ich lese jetzt «Armeeleitbilder».

Man fasse sich kurz.
Aber bitte keine Kurzfassungen!

Und wieder schreien sie:
«Wollt ihr das totale Fernsehen?»

Einen guten Roman erkennt man daran, dass nicht rauszukriegen ist, an welchen Stellen sein Autor Kaffeetrinken ging.

Mode = Konsens des Nonsens.

Mit Weltraumraketen lässt sich eben nicht *nach den Sternen greifen.*

Die Gegenwart bewältigen heisst verhindern, dass unsere Vergangenheit Zukunft hat.

Das Kolorit mancher Schriftsteller ist bloss - Kolorit.

Satire = Phänomenologie des Ungeistes.

Ach, unsere Klassiker: Nurmehr grosse Einfalt, ansonsten edle Stille.

Wann endlich wird Denksport olympische Disziplin!

Das «Unbehagen in der Kultur» ist lediglich unser Behagen an der Unkultur.

Sport? Ich kam, sah, und - ging.

«No future» hat keine Zukunft.

... und nun stelle dir vor, es ist Frieden, und keiner geht hin.

Wunder sind langweilig. Sie ereignen sich heutzutage einfach zu häufig.

Pressefreiheit = Freiheit des Inserenten auf Pression.

Den «Heilern» und «Sehern» ins Stammbuch: «Was Himmel, was Hölle; nicht mal Schulweisheit!»

Wen die Begriffe erst mal richtig in der Zange haben, der wird - Philosoph.

Alle Gewalt ist Denkfaulheit.

Der Mensch hat die Natur geschändet. Alimente aber will er keine zahlen.

*Die Vergangenheit kümmert uns wenig.
Wir lieben die Erinnerung.*

*Die Menschheit strebt nach dem
Höheren, und die Raketen schiessen
nur so aus dem Boden.*

*Was wiegt nun schwerer:
Ein Kilogramm Computer oder ein
Kilogramm Gehirn?*

*Dieser allgemeine Optimismus -
ich ahne das Schlimmste.*

Wahrheit

«Wahrheit» - kann man das essen?

Wörter haben wir genug. Uns fehlt
das Wort.

Man bringt alles auf einen Nenner.
Und wundert sich dann, wenn die
Rechnung nicht aufgeht.

Von geistiger Nahrung kann man
nicht leben. Aber überleben.

Das «Ding an sich»?
Ein Unding für sich.

Alle Wege führen nach Rom.
Also keiner in den Himmel?

*Wahrheiten werden umso unbequemer,
je gemütlicher man es ihnen machen
will.*

Es strebt der Mensch, solang er irrt.

*Unsere verfluchte Unfähigkeit, auf eine
Frage zwei Antworten zuzulassen!*

*Wahrheit, Lüge - Nebensache.
Aber was alles dazwischenliegt!*

*Wir gehen mit der Zeit. Zum Glück
die Zeit nicht mit uns.*

*Willst du einen Priester beurteilen,
so hör' dir an, wie er predigt vor
leeren Bänken.*

*Wenn schon Atheist, dann wenigstens
kein Ungläubiger!*

*Weil, der Realist schliesst
messerscharf, nicht sein darf,
was nicht sein kann.*

*Jesus sagte, Pilatus aber fragte, was
Wahrheit sei. Wer war der weisere?*

*Tragik heutiger Wissenschaft: Nur
noch die Wahl zu haben zwischen
Atomen und Axiomen.*

*Die Welt heute? Der Wille
zur Vorstellung.*

*Wir sind uns zu nahe, als dass wir
einander näher kommen könnten.*

Das Leidige an allem: .Es ist meist zu wahr, um schön zu sein.

Alles wurde schon gedacht.
Das verpflichtet. Zum Denken.

Philosophieren ist die Notwendigkeit, aus einem Elefanten immer wieder eine Mücke zu machen.

Nichts so dumm wie definierter *Nihilismus.*

Der Rätsel Lösungen sind nie nur waag- oder senkrecht.

Der moderne Mensch ist weder gut, noch ist er schlecht. Er ist nur noch.

Für intelligente Menschen ist Gott der Gegner.

Können auch Wahrheiten in die Binsen gehen? Aber sicher. In Form von Binsenwahrheiten.

Ist der Mensch von Natur aus böse? Der Natur dürfte das egal sein.

Diese Zielstrebigkeit des modernen Nihilismus!

Hört nicht hin: Sie wollen uns weismachen, Wärme habe mit Physik zu tun.

Müssen wir eigentlich denken?!

Der Tod - das *Aha-Erlebnis des Rationalisten.*

Lasst uns die Wahrheit neu überdenken.

Mitleid ist eine Frage der Entfernung.

Alles Denkbare machen? All das Machbare - nicht auszudenken!

Einst kannte man wenigstens noch kategorische Imperative. Heute nur noch imperative Kategorien.

Noch eine Definition von Glück gefällig? Fähigkeit, ohne Erfolgserlebnis lachen zu können.

*Ob ein Gott ist oder nicht, sei egal.
Aber dass wir nicht mehr glauben
können, ist erschütternd.*

*Die «innere Leere» - vielleicht ist's
die äussere Fülle?*

Es hat alles zwei Seiten. Mindestens.

*Man lasse sich nicht verführen: Es gibt
schliesslich noch wichtigere Dinge im
Leben als Glückseligkeit.*

*Religion sanktioniert jene Gefühle, die
zu haben man sonst nicht die Courage
hätte.*

*Aber ja doch, Monsieur Marcel, wir
sind «im Theater». Als Claque.
Bei Regisseur Tod.*

Theo-logie: «Ich denke, also zweifle ich; ich zweifle, also fühle ich; ich fühle, also weiss ich nicht; ich weiss nicht, also glaube ich.»

Metaphysiker = Ausrufezeichenphilosophen.

Das Wer bedenke, mehr bedenk' wozu.

Vielleicht ist das die Aufgabe: messerscharf und exakt - fühlen.

Die Philosophie vom Kopf auf die Beine stellen, so lautet noch immer die Losung. Jener, die mit den Stiefeln denken.

Ich (der Kantianer):
«Wenn's nun jeder machte wie du!»
Er (der Mörder):
«Es macht's ja nicht jeder wie ich!»
Eine Welt stürzte für mich ein.

Unsere einzige Chance: Im Absurden den Aberwitz finden.

Dem Theologen ins Stammbuch:
«Vater, vergib ihm, denn er weiss nicht, was er redet*».*

Philosophie? Die Kunst des Gegenbeispiels.

Im Anfang war das Wort.
Das Ende wird eine Rede sein.

Zu dem, was noch zu sagen wäre, fehlen mir die Worte.

Der Autor

Walter Eigenmann Geboren 1956; Musikstudium am Konservatorium Luzern (Komposition, Klavier, Instrumentalpädagogik, Dirigieren); jahrelange Tätigkeit als Musiklehrer und Dirigent, gleichzeitig regional- und kulturpolitischer Journalist sowie Musikkritiker bei verschiedenen Zentralschweizer Tages- und Wochenzeitungen; Gründer, Herausgeber und Redakteur der Schweizer Literaturzeitschrift *Scriptum*; seit 1990 Mitglied des Innerschweizer Schriftstellerverbandes, nebenberuflich tätig als Herausgeber belletristischer Buch- und verschiedener musikalischer Projekte; passionierter Nah-, Fern- und Computerschach-Freund; im Juni 2007 Gründung des Online-KulturJournals *Glarean Magazin* für Literatur, Musik und Schach; Walter Eigenmann ist verheiratet und lebt in Emmenbrücke/Luzern